## 내가 만든 미국 지도

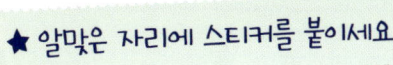 ★ 알맞은 자리에 스티커를 붙이세요.

 카우보이

 자유의 여신상

 나사

 그랜드 캐니언

 백악관

 알래스카

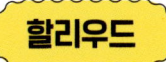 할리우드

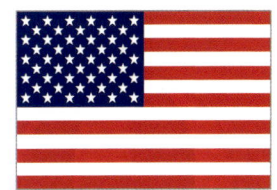

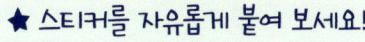 나이아가라

★ 스티커를 자유롭게 붙여 보세요!

《용선생이 간다》 미국

저자 소개

글 사회평론 역사연구소
오랫동안 어린이 교육과 역사 콘텐츠를 연구한 전문가들이 모여, 우리 아이들이 쉽고 재미있게 공부할 수 있는 책을 만들고 있어요. 《용선생의 시끌벅적 한국사》, 《용선생 교과서 한국사》, 《용선생 처음 세계사》, 《교양으로 읽는 용선생 세계사》 등을 쓰고 펴냈어요.

김선빈
고려대학교 국어국문학과를 졸업하고, 국어·사회과, 역사와 관련된 다양한 교육 프로그램과 콘텐츠를 개발했어요.

장유영
서울대학교에서 지리교육, 공통사회교육, 언론정보학을 공부했어요. 졸업 후 학교에서 학생들을 가르치다 지금은 어린이책을 만들고 있어요.

정지윤
서울대학교 국어교육과를 졸업하고, 문화예술 기관에서 기획 업무를 담당했어요.

그림 강신영
1995년 만화계에 입문하여 2007년까지 무협 만화를 그렸어요. 2007년 《태왕사신기》 작품을 시작으로 현재까지 어린이를 위한 학습 만화를 그리고 있지요. 대표작으로 《Why?》 시리즈와 《용선생 만화 한국사》 등을 그렸어요.

자문·감수 조은정
《뉴욕 셀프트래블》, 《미국 서부 셀프트래블》을 비롯해 지금까지 8권의 책을 저술한 미국 전문 여행 작가예요. 현재 여행사에서 일하며 여행 상품 홍보와 콘텐츠 제작 업무를 하고 있어요.

캐릭터 이우일
홍익대학교에서 시각디자인을 공부했어요. 《우일우화》, 《고양이 카프카의 고백》, 《용선생의 시끌벅적 한국사》, 《교양으로 읽는 용선생 세계사》 등을 그렸어요.

용선생이 간다

세계 문화 여행 · 4

글 사회평론 역사연구소 | 그림 강신영 | 자문·감수 조은정 | 캐릭터 이우일

 미국

사회평론

차례

1일 뉴욕

허영심, 브로드웨이에서 노래를 부르다! 11

용선생의 스페셜 가이드
미국은 어떻게 탄생했을까? 20

2일 뉴욕

나선애, 센트럴 파크에서 라이브 방송 스타가 되다! 23

용선생의 스페셜 가이드
뉴욕 구석구석 자세히 들여다보기! 34

3일 보스턴

왕수재, 하버드 대학교에서 대학생으로 오해받다! 37

용선생의 스페셜 가이드
세계를 바꾼 아이비리그의 인재들 44

4일 워싱턴 D.C.

곽두기, 독립기념일 축제에서 춤을 추다! 47

용선생의 스페셜 가이드
달러에 담긴 미국의 위인들 58

5일 시카고

장하다, 가스펠 음악에 반하다! 61

용선생의 스페셜 가이드
미국이 왜 세계 초강대국일까? 70

6일 휴스턴

왕수재, 나사에서 우주 비행사를 꿈꾸다! 73

용선생의 스페셜 가이드
국토를 개척한 미국 사람들 82

7일 라스베이거스

장하다, 라스베이거스에서 흠뻑 젖다! 85

용선생의 스페셜 가이드
미국의 대자연을 만나다! 92

8일 샌프란시스코

곽두기, 샌프란시스코에서 바다사자를 다시 만나다! 95

용선생의 스페셜 가이드
세계를 뒤바꾼 미국의 기업들 106

9일 로스앤젤레스

허영심, 할리우드에서 스타를 만나다!? 109

용선생의 스페셜 가이드
로스앤젤레스 더 즐기기 118

10일 알래스카

나선애, 원주민과 함께 개썰매를 타다! 121

용선생의 스페셜 가이드
하와이도 미국 땅이라고? 128

퀴즈로 정리하는 미국 132

정답 134

용선생
나는야 세계 최고의 가이드!
처음 가보는 미국,
걱정되니?
나만 따라와!

나선애
뭐든지 잘하는 우등생~!
갈 곳이 많아!
계획대로 착착 움직이자고!

장하다
먹기 대장! 스포츠도 만능!
미국은 스포츠
천국이라며?
미식축구도 꼭 볼 거야!

허영심
예쁜 장소는 내 눈을
피할 수 없어!
미국 하면 할리우드지!
오, 뮤지컬로 유명한
브로드웨이도 있잖아?

왕수재
영어 천재!(영어 말하기는
자신 없지만….)
미국이 너무 넓어서
모르는 게 많지?
후후, 언제든 내게 물어봐!

곽두기
내 특기는 멋진 사진 찍기!
히히, 잊지 못할 명품
사진은 나에게 맡겨!

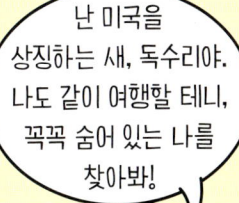

난 미국을
상징하는 새, 독수리야.
나도 같이 여행할 테니,
꼭꼭 숨어 있는 나를
찾아봐!

♥ 여행 1일째 뉴욕에서

미국 일주 코스를 소개합니다~

알래스카
10일
앵커리지

태평양

✓ 9일 할리우드에서 스타와 사진 찍기

8일
샌프란시스코

✓ 그랜드 캐니언에서 헬기 타기
✓ 라스베이거스의 화려한 쇼 감상하기

하와이

9일
로스앤젤레스

7일
라스베이거스

꺅!! 할리우드다!

나선애의 간단 정리!

- **나라 이름:** 아메리카 합중국(United States of America, USA)
- **면적:** 약 983만 제곱킬로미터(한반도의 약 44배)
- **인구:** 약 3억 4천 만 명(2024년 기준)
- **수도:** 워싱턴 D.C.(Washington D.C.)

멕시코

미국에 가면
셀카 많이 찍어야지~!
아이쇼핑도 실컷 해야겠다!

토막 회화 한마디!

셀카랑 아이쇼핑은 콩글리시야.
셀카는 '셀피(Selfie)'!
아이쇼핑은 '윈도우 쇼핑
(Window Shopping)'이라고
해야 해.

허영심, 브로드웨이에서 노래를 부르다!

맨해튼 · 원 월드 트레이드 센터 · 자유의 여신상 · 브로드웨이 · 타임스스퀘어

미국에서 가장 큰 도시 뉴욕

우아, 드디어 뉴욕에 도착했어!!
뉴욕은 미국에서 제일 큰 도시래.
공항에서 나와 뉴욕의 중심지라는
맨해튼으로 가는 지하철을 탔지.
"오잉, 지하철이 우리보다 낡아 보이네?"
선생님이 그러시는데, 뉴욕의 지하철은
백 년도 더 전에 생긴 거래.
그렇게 옛날부터 지하철이 다녔다니,
정말 놀라워!

뉴욕 지하철은 1904년에 생겼네! 대단해!

그렇게 오래됐다고?

화장실 가고 싶어요~!

뉴욕 지하철에는 화장실이 거의 없는데 어쩌지?

으악, 쥐랑 눈이 마주쳤어!

뉴욕 인구는 몇 명인가요?
▶ 뉴욕시 인구는 약 800만 명(2024년 기준)이야. 미국에서 인구가 가장 많은 도시지. 수도인 워싱턴 D.C.의 인구는 70만 명 정도야.

세계 경제와 문화의 중심지 맨해튼

지하철 안에서 맨해튼 지도를 살펴보았어. 오잉, 맨해튼은 강물에 둘러싸인 작은 섬이네? 그런데 뉴욕의 유명한 관광지가 모두 맨해튼에 있다지 뭐야.
"자유의 여신상부터 볼래!"
"무슨 소리, 공룡 보러 자연사 박물관부터 가야지!"
맨해튼에는 재미난 볼거리뿐만 아니라 세계적인 기업과 은행, 상점, 국제기구들도 모두 모여 있다고 해. 랄라라~ 어디부터 구경할까?
볼 게 너무 많아서 서둘러야겠네~

뉴욕은 얼마나 커요?
▶ 뉴욕은 서울보다 약간 더 크단다. 맨해튼은 서울의 10분의 1 크기야.

미국에서 가장 높은 건물 원 월드 트레이드 센터

제일 처음 간 곳은 미국에서 가장 높은 건물인 원 월드 트레이드 센터야.
"이곳은 우리나라 63빌딩보다 두 배 이상 높단다!"
알고 보니 원래 이곳에는 높은 빌딩이 두 개 있었는데, 2001년 9월 11일에 일어난 테러 때문에 무너졌대. 그때 수천 명이 목숨을 잃었다지 뭐야.
무너진 건물 자리에는 그때 희생된 사람들을 기리는 추모 공원도 있었어. 우리는 잠시 그곳에 들러 묵념하는 시간을 가졌지.

드디어 원 월드 트레이드 센터 전망대에 올랐어! 빈틈없이 들어선 고층 빌딩을 보니, 세계적인 대도시는 역시 다르다는 생각이 들었지.

전망대에서 내려온 우리는 바로 옆에 있는 '월 스트리트'에도 가봤어.

월 스트리트에는 증권 거래소, 투자 은행 같은 금융* 기관이 잔뜩 모여 있대.

* 돈을 빌리거나 투자해 이득을 보는 모든 일

"하다야, 만지면 부자가 된다는 황소 동상도 있단다!"

정말일까? 헤헤.

9·11 테러 추모 공원 '911 메모리얼'

월 스트리트의 명물 '돌진하는 황소'

미국을 상징하는 거대한 조각상 **자유의 여신상**

이번엔 뉴욕의 상징, 자유의 여신상을 볼 차례야!

우아~~ 가까이에서 본 자유의 여신상은 무척 거대했어!

저렇게 큰 동상을 도대체 왜 만들었을까?

"에헴, 자유의 여신상은 미국이 영국으로부터 독립한 지 100주년을 기념해 프랑스가 선물한 거야."

으이구, 왕수재~ 너한테 안 물어봤거든?

왕관의 7개 뿔은 온 세상을 의미해. 전 세계에 자유를 밝히겠다는 뜻이지.

자유를 밝히는 횃불이야.

손에 든 책에는 미국 독립기념일인 1776년 7월 4일이 적혀 있어.

조각상의 내부 설계는 프랑스의 에펠탑을 만든 구스타브 에펠이 맡았어.

 와, 엄청 크다!!

푸른빛 색깔이 무척 아름다워요!

 원래 붉은색이었는데, 구리가 녹슬어 청록색으로 변했단다.

그런데 놀랍게도 자유의 여신상 안에 들어갈 수 있었어!
왕관에 뚫린 작은 구멍들이 알고 보니 전망대 창문이었던 거지.
헉헉, 아휴 숨차. 꼭대기까지 언제 올라가지?
꼬불꼬불 계단을 한참 오르니, 드디어 왕관에 있는 전망대에 도착!
"우아, 밑에 선 사람들이 개미처럼 작게 보여!"

자유의 여신상 높이는 아래에 있는 받침대까지 합치면 약 93미터나 된단다.

우아! 엄청 높네요.

밑에 계신 분들~ 내 말 들려요?

헉헉, 올라오느라 죽는 줄 알았네!

? 프랑스는 자유의 여신상을 미국까지 어떻게 보냈나요?
▶ 거대한 동상을 350개가 넘는 조각으로 나누어 배로 운반한 다음에 미국에서 4개월 동안 다시 조립했단다.

 ## 전 세계 뮤지컬의 중심지 **브로드웨이**

"이번에는 재미난 뮤지컬 한 편 볼까? 브로드웨이로 가자꾸나!"

꺅! 여기가 바로 뮤지컬의 본고장 브로드웨이래. 브로드웨이에는 수백 개의 극장과 공연장이 모여 있는데, 바로 여기에서 수많은 뮤지컬 명작이 탄생했다고 해. 친구들이랑 서로 보고 싶은 게 달라서 결국 가위바위보로 결정하기로 했어.

야호, 내가 이겼다!

자, 빨리 '오페라의 유령'을 보러 가자고~!

공연을 보고 지하철을 타러 가는데 사람이 너무 많아서 놀랐어.

광고 전광판이 크고 밝아서 꼭 한낮 같지 뭐야! 길거리 공연하는 사람도 많았어.

"이곳은 브로드웨이에 있는 타임스스퀘어란다. 미국에서 가장 붐비는 거리지."

나도 여기서 노래를 불러 볼까? 어쩌면 세계적인 스타가 될지도 몰라!

으잉? 장하다가 내 노랫소리보다 더 크게 웃잖아. 가만 안 둬~~!!

 브로드웨이에서 유명한 뮤지컬은 뭐가 있나요?

▶ <해밀턴>, <위키드>, <라이언 킹>, <겨울 왕국>, <오페라의 유령> 등이 유명해. 매년 새롭게 등장하는 뮤지컬도 많아!

용선생의 스페셜 가이드

미국은 어떻게 탄생했을까?

미국은 아메리카 대륙에 유럽인이 정착하며 만들어진 나라야.
그래서 역사가 매우 짧지. 원래는 영국의 식민지였지만
1776년에 독립을 선언하며 오늘날에 이르고 있단다.
지금부터 미국의 탄생 이야기를 자세히 살펴보도록 할까?

1607년, 제임스타운 건설

영국에서 바다를 건너온 사람들이 최초의 마을 '**제임스타운**'을 세웠어. 이때부터 유럽 사람들은 아메리카 대륙으로 활발히 이주했지. 이주민은 대부분 가난한 사람들이었고, 종교의 자유를 찾아온 사람도 있었어.

1732년, 13개 영국 식민지 건설

유럽에서 몰려온 이주민이 늘어나며 북아메리카 대륙 동부에는 영국 식민지 13개가 세워졌지.

1765년, 영국이 세금을 왕창 걷다

미국은 영국 식민지니까 당연히 세금을 내야지!

영국이 전쟁을 벌이다가 나라 사정이 어려워졌어. 그래서 아메리카 식민지에서 많은 세금을 거두었지.

1776년 7월 4일, 미국이 탄생하다!

화가 난 미국은 독립을 선언했어! 영국은 미국의 독립을 인정하지 않았지만, 미국은 전쟁 끝에 영국을 몰아내고 독립을 이루었어.

미국인들은 세계 최초로 투표를 통해 대통령을 뽑고 지도자로 삼았어. 첫 대통령으로 **조지 워싱턴**이 선출됐지.

1789년, 세계 최초로 대통령을 뽑다

1861년, 남북전쟁이 일어나다!

미국 남부 지역과 북부 지역 사이에 전쟁이 벌어졌어. 북부는 미국 남부의 노예 제도를 없애려고 했고, 남부는 노예 제도를 지키려고 했거든. 4년의 전쟁 끝에 북부가 승리했지만 많은 사람이 죽거나 다쳤지. 하지만 '비 온 뒤에 땅 굳는다'는 속담처럼 전쟁 이후 미국은 하나로 똘똘 뭉치게 되었어.

오늘날, 세계 최고의 국가로 우뚝 서다!

제1·2차 세계 대전을 거치며 미국은 영국을 제치고 세계 최고의 국가로 우뚝 섰어. 그리고 넓은 영토와 자원을 앞세워 지금까지도 세계를 호령하고 있지.

다른 그림 찾기

브로드웨이에서 사진을 찍었어. 그런데 사진을 두 번 찍는 사이 뭔가가 달라졌네? 모두 여덟 군데야. 한번 찾아볼까?

나선애, 센트럴 파크에서 라이브 방송 스타가 되다!

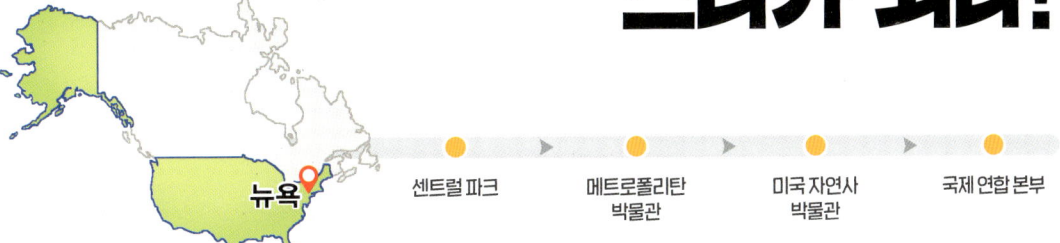

센트럴 파크 ▶ 메트로폴리탄 박물관 ▶ 미국 자연사 박물관 ▶ 국제 연합 본부

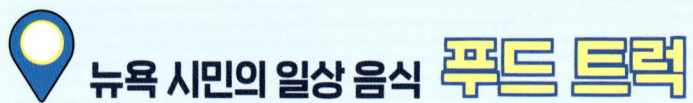
뉴욕 시민의 일상 음식 푸드 트럭

어제 너무 피곤했나 봐. 푹 자고 일어나니 늦잠이지 뭐야!

꼬르륵~ 길을 나서니 배부터 고팠는데, 푸드 트럭들이 줄지어 서 있었어.

"우아, 푸드 트럭에서 불고기도 파네! 저기선 핫도그를 팔아!"

크크, 장하다가 신나서 춤까지 춰.

우리는 이것저것 골고루 먹어보려고 흩어져서 줄을 섰어.

내가 선택한 건 베이글*! 뉴욕 사람들은 아침으로 베이글을 즐겨 먹는대.

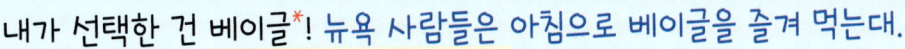
* 밀가루 반죽을 고리 모양으로 만들어 구워낸 빵

장하다는 양손에 핫도그랑 햄버거를 들고 나타났네! 으휴~ 먹보!

영심이는 튀르키예식 케밥, 왕수재는 으잉, 랍스터!?

"얘들아, 저기에서는 이슬람교도가 먹는 음식도 파는구나."

우아, 뉴욕에는 정말 없는 게 없나 봐!

푸드 트럭에 줄지어 선 뉴욕 시민들

뉴욕의 명물, 랍스터 핫도그를 먹어 보실까?

뉴욕에 푸드 트럭이 왜 많아요?
▶ 음식이 빨리 나와서 바쁜 직장인에게 딱이거든! 또, 푸드 트럭은 가격이 저렴한 데다가 다양하고 맛 좋은 음식을 손쉽게 접할 수 있어.

미국을 대표하는 도시 공원 센트럴 파크

"도시 한복판에 이렇게 넓은 공원이 있다니!!"

여기는 센트럴 파크라는 공원이래. 뉴욕 시민이 사랑하는 휴식처라나?

일 년에 수천만 명이 방문하는 세계적인 관광지이기도 하대.

"우리 라이브 방송 찍어볼래? 제목은 센트럴 파크 즐기기!"

장하다가 누가 조회 수가 더 많은지 내기하자며 나의 승부욕에 불을 질렀어.

호호, 어디서 뭘 하면 조회 수가 높아질까?

겨울철 센트럴 파크에서 아이스 스케이팅을 즐기는 사람들

센트럴 파크

뉴욕의 상징이자 세계에서 손꼽히는 도시 공원이야. 숲과 산책로뿐만 아니라 여러 문화시설도 갖추고 있지.

이렇게 큰 공원은 처음이에요!

센트럴 파크는 축구장 약 500개를 합친 크기란다.

센트럴 파크는 언제 생겼나요?

▶ 현재보다 약간 작은 규모로 1858년 문을 열었어. 그 후 확장하고 경관을 아름답게 꾸미며 1876년 현재의 공원 형태를 갖추었지.

다들 뭐 하나 한번 볼까? 어, 왕수재랑 장하다는 호수에서 보트를 탔잖아.

우아~ 영심이는 마차를 탔어! 공원 한복판에 마차라니!

에엥, 센트럴 파크에 동물원도 있었어? 곽두기는 바다사자를 찍어 왔네!

나 나선애, 절대로 질 수 없지! 좋아, 이판사판이다!

나는 물구나무를 서볼까? 자, 다들 나를 보시라!

으아아아앗, 넘어진다~! 에고 내 허리야……

 센트럴 파크에서 또 뭘 할 수 있나요?

▶ 여름이면 야외 공연장에서 다양한 공연을 즐길 수 있고, 겨울에는 아이스링크장에서 스케이트를 탈 수 있지! 동물원도 있고 테니스장, 야구장 같은 운동 시설도 있어.

"어, 저기 좀 봐! 사람들이 도로 위에 분필로 그림을 그리고 있어!"
정말이네? 알고 보니 오늘은 센트럴 파크 주변에서 축제가 열리는 날이래.
이 거리는 박물관과 미술관이 모여 있는 '뮤지엄 마일'이란 곳인데,
축제 때는 음악 공연도 열리고, 이렇게 바닥에 마음대로 그림도
그릴 수 있다지 뭐야!
헉, 게다가 주변의 유명 미술관은 모두 공짜래! 오예!

뮤지엄 마일 축제는 언제 열리나요? ▶ 6월 둘째 주 화요일 저녁 6시부터 9시까지 열려. 매년 약 5만 명의 사람들이 이 축제를 찾지.

📍 뉴욕의 자랑 메트로폴리탄 박물관

다음으로 향한 곳은 메트로폴리탄 박물관!
메트로폴리탄은 미국에서 제일 큰 박물관이래! 미국뿐 아니라 세계 각지에서 모은 유물과 예술 작품이 수백만 점이나 있다고 해.
박물관 입구에는 이집트에서 통째로 가져온 석상도 있었어!
"뉴욕에는 이곳 말고도 세계적인 수준의 박물관과 미술관이 무척 많단다."

"으앗, 이건 뭐야!" 영심이가 뭘 본 건지 소리를 꽥 질렀어.

알고 보니 모아이라는 무지 큰 석상이었어. 남아메리카에서 가져온 유물이래.

"얘들아, 여기 한국관도 있어!"

왕수재 말을 듣고 가 보니 정말 한복 입은 마네킹도 있었어.

우아, 미국 자연사 박물관은 정말 세상의 모든 것을 담고 있나 봐!

세계 평화와 안전을 위해 힘쓰는 **국제 연합**

이번에는 국제 연합으로 갈 거래.

버스에서 내려 조금 걷자 수많은 국기가 휘날리는 건물이 하나 나타났어.

"국제 연합이 뭐예요?" 두기가 고개를 갸웃하자 수재가 입을 열었어.

"국제 연합은 전 세계 거의 모든 국가가 가입한 국제 평화 기구란 말씀!
영어로는 유나이티드 네이션즈(United Nations), 줄여서는 유엔(UN)!"

아이고~ 귀야~! 누가 우리 수재 좀 말려줘요!

> 우리나라는 국제 연합의 주요 회원국이야.

> 태극기도 있네!

> 이야~

> 국제 연합은 가난한 나라도 돕고, 분쟁 지역에는 군대도 보내~

> 얘들아, 내 설명 듣고 있니?

> 찰칵 찰칵

국제 연합(UN)은 언제 생겼나요?
▶ 제2차 세계 대전이 끝난 후 1945년 미국의 주도로 설립됐어.
초기 회원국은 51개국이었는데 지금은 193개국이나 돼.

뉴욕 구석구석 자세히 들여다보기!

뉴욕은 미국에서 가장 크고 발전한 도시야. 그래서 뉴욕이 미국의 수도인 줄 아는 사람도 많지. 보통 뉴욕이라고 하면 고층 빌딩이 즐비한 맨해튼을 떠올리는 사람이 많아. 하지만 뉴욕에는 맨해튼 말고도 다른 지역들도 있단다. 지금부터 하나하나 살펴볼까?

▲ 야구장이 보이는 브롱크스 전경

◀ 매력적인 **브롱크스**

브롱크스는 흑인이 많이 사는 곳이야. 힙합 문화의 탄생지로 유명하지. 세계에서 두 번째로 큰 브롱크스 동물원, 뉴욕의 야구팀인 '뉴욕 양키스'의 홈구장이 있는 곳이기도 해. 하지만 범죄율이 높으니 찾아갈 땐 조심!

뉴욕의 관문 **퀸스** ▶

뉴욕의 공항은 두 개인데, 모두 퀸스에 있어. 그래서 퀸스를 '뉴욕의 관문'이라고 하지. 퀸스는 다양한 이민자들이 한데 어울려 살아가는 지역이기도 해. 특히, 뉴욕에서 아시아계 사람들이 가장 많은 지역으로도 유명해.

▲ 퀸스의 차이나타운에서 장을 보는 뉴욕 시민들

▲ 브루클린 거리에 벽화를 그리는 예술가

◀ 새로운 문화 중심지 **브루클린**

브루클린은 한때 뉴욕에서 가장 낙후된 지역으로 악명 높았어. 하지만 그만큼 집세가 무척 저렴해서, 가난한 젊은 예술가들이 모여들었지. 그 결과 지금은 젊은 예술가의 작업실과 새로 시작하는 회사들이 모여서 새로운 문화 중심지로 성장했어.

조용한 주거지 스태튼 아일랜드 ▶

단독 주택이 많은 주거 지역이야. 범죄율도 낮고 조용해서 살기 좋다고 소문났지. 주민 대부분은 어느 정도 경제적 여유가 있는 백인이야. 아침이면 배를 타고 바다 건너 맨해튼으로 출근하는 사람들 때문에 선착장이 분주하단다.

▲ 스태튼 아일랜드의 주거 단지

숨은 인물 찾기

뉴욕 시민들이 센트럴 파크에서 휴식을 취하고 있어.
곳곳에 숨어 있는 용선생과 아이들을 찾아줘!

왕수재, 하버드 대학교에서 대학생으로 오해받다!

프리덤 트레일　　　　　하버드 대학교

오늘 둘러볼 도시는 뉴욕 근처에 있는 보스턴이야. 본격적으로 여행을 시작하기 전에 배부터 두둑이 불리기로 했지.

"얘들아, 오늘 아침 식사는 미국식으로 즐겨볼까?"

우아, 보기만 해도 군침이 돌아. 내가 다 좋아하는 음식들이잖아? 이렇게 달걀과 베이컨, 팬케이크나 토스트를 곁들인 아침을 '아메리칸 브렉퍼스트'라고 한대. 음~ 완전 내 스타일이야!

미국식 아침 식사 아메리칸 브렉퍼스트

 미국 사람들은 항상 아침을 푸짐히 먹나요?

▶ 보통 빵이나 시리얼로 간단히 먹어. 대개 아침, 점심은 간단히 먹고 저녁은 고기를 곁들여 든든히 먹지.

"저기 좀 봐. 버스가 신기하게 생겼네!"

시내로 가는 버스를 타려는데, 버스 출입문 아래로 긴 바닥이 주~욱 나오는 거 있지?

알고 보니, 휠체어를 탄 장애인이 버스를 타도록 도와주는 장치래.

휠체어가 들어서자, 기사님이 직접 나와서 제일 앞 좌석을 비워주셨어.

뒤이어 유모차까지 들어와서 버스가 꽤 오래 멈춰 있었지.

그런데도 아무도 불평하지 않았어!

미국 사람들, 인내심이 대단한걸~?

미국의 역사를 간직한 도시 보스턴

"선생님~ 그런데 보스턴은 어떤 도시예요?"

후후, 그건 나 왕수재가 좀 알지.

보스턴은 하버드, MIT 같은 명문 대학들이 자리 잡은 교육의 도시 아니겠어?

"보스턴은 미국 독립운동과 독립전쟁이 시작된 역사적인 도시이기도 하단다."

아니, 그건 나 왕수재도 몰랐는걸!

보스턴 커먼
미국에서 가장 오래된 공원이야. 보스턴 시민들의 휴식처이지. 영국 식민지 시절에는 시민들의 집회 장소로 쓰였대.

올드 스테이트 하우스
보스턴 최초의 공공건물이야. 식민지 시절 영국의 관청이었지. 미국 독립선언서가 최초로 낭독된 곳이기도 해.

보스턴 전체가 역사 박물관 같아!

"바닥에 있는 이 붉은 선은 뭐지?"

그러고 보니 길바닥에 붉은 벽돌이 선처럼 이어져 있었어.

"이건 '프리덤 트레일'이야. 이걸 따라가면 보스턴의 주요 역사적 명소는 다 볼 수 있어."

우아~ 신기한걸? 우리는 선생님과 붉은 선을 따라 걸으며 보스턴 시내를 둘러보았어.

올드 노스 교회
보스턴에서 가장 오래된 교회야. 미국 독립혁명 당시 교회 첨탑의 등불을 밝혀 미국군에게 영국 해군의 공격을 알렸대.

프리덤 트레일은 '자유의 길'이란 뜻이야. 이 길을 다 걸으려면 반나절은 걸려.

벙커힐 기념비
미국 독립전쟁 전사자를 기리기 위한 탑이야.

USS 컨스티튜션
영국과의 전쟁에서 활약한 군함이야.

 세계 최고의 명문 대학교 하버드 대학교

우아, 드디어 하버드 대학교에 왔어!

하버드 대학교는 미국에서 가장 오래된 대학이자, 세계 최고의 대학 중 하나야.

바로 나 같은 수재만이 다닐 수 있는 학교랄까? 후후후~

"우아, 하버드 대학교에는 왜 이렇게 학생이 많아요?"

알고 보니 대부분 우리 같은 관광객이래.

세계적인 대학답게 관광 오는 사람도 많구나!

 하버드 대학교는 언제 생겼어요? ▶ 미국이 아직 영국의 식민지였던 1636년에 문을 열었어. 수백 년 동안 미국을 빛낸 걸출한 인물들을 많이 배출했지.

선생님은 각 건물에 담긴 재미난 이야기들을 들려주셨어.
그중 가장 흥미로웠던 이야기는 존 하버드 동상에 담긴 전설이었지.
"동상의 왼쪽 발을 만지면 하버드 대학교에 입학할 수 있다는 전설이 있단다."
선생님의 말씀이 끝나기도 전에 우리 모두 동상으로 후다닥 달려갔어.
오잉, 그런데 왜 관광객들이 자꾸 나한테 길을 묻지?
기념품으로 산 옷 때문인가?

하버드 대학교의 명물 존 하버드 동상

존 하버드는 누구인가요?

▶ 영국 출신 성직자야. 죽기 전에 하버드 대학교에 많은 재산을 기부했지. '하버드 대학교'라는 이름은 존 하버드를 기념해 지은 거야.

용선생의 스페셜 가이드

세계를 바꾼 아이비리그의 인재들

오늘 둘러본 하버드 대학교를 비롯해 미국 북동부의 명문 대학교 여덟 군데를 합쳐서 '아이비리그'라고 해. 아이비리그 대학에서는 세계적인 인재가 많이 배출됐지. 그럼 어떤 사람들이 있는지 잠깐 살펴볼까?

리처드 파인만
(1918년~1988년)
노벨 물리학상을 받은 물리학자야. 아인슈타인과 함께 20세기 최고의 물리학자로 손꼽혀.

버락 오바마
(1961년~)
제44대 미국 대통령이야. 미국 최초의 흑인 대통령이기도 해!

빌 게이츠
(1955년~)
마이크로소프트의 창립자야. '윈도우'를 개발한 마이크로소프트는 세계 최대의 IT 기업이지.

토니 모리슨
(1931년~2019년)

흑인 여성 최초로 노벨 문학상을 받았어. 남북전쟁을 배경으로 비인간적인 노예 제도를 묘사한 소설 《빌러비드》가 대표작이야.

마크 저커버그
(1984년~)

페이스북 창립자야. 페이스북은 세계적인 인기를 끄는 SNS 서비스란다. 이용하는 사람이 무려 수십억 명!

수전 워치스키
(1968년~)

구글의 창립 멤버이자, 유튜브 최고 경영자야. 유튜브를 인수해 세계적인 방송 채널로 키워낸 인물이지.

거티 코리
(1896년~1957년)

여성 최초로 노벨 생리의학상을 받은 생화학자야. 당뇨병 환자의 치료법 개발에 결정적인 역할을 했지.

범인 찾기

존 하버드 동상에 누가 낙서를 하고 도망갔어. 용의자는 모두 3명!
세 가지 증거를 보고 범인을 찾아줘!

<사건노트>

- 범인은 붓이랑 물감을 자주 쓰는 사람인가?
- CCTV에 머리칼이 금발인 사람이 찍혔대!
- 범인이 남긴 암호가 있어! 짝수 자리만 읽어봐!

하예라일
버대지가
미최소고

용의자 1
존 스미스(60세)
프린스턴 대학교 수학과 교수

용의자 2
수잔 브라운(24세)
하버드 의대생

용의자 3
사만다 존스(35세)
예일 대학교 출신 유명 화가

곽두기, 독립기념일 축제에서 춤을 추다!

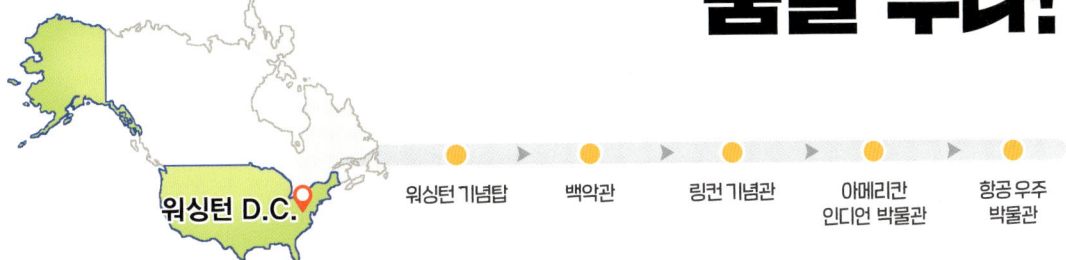

워싱턴 D.C.

워싱턴 기념탑 ▶ 백악관 ▶ 링컨 기념관 ▶ 아메리칸 인디언 박물관 ▶ 항공 우주 박물관

미국의 수도 워싱턴 D.C.

"드디어 미국의 수도 워싱턴 D.C.에 왔군요!"
수재 형의 말을 듣고 깜짝 놀랐어.
사실 난 지금까지 뉴욕이 미국의 수도인 줄 알았거든, 헤헤.
이곳에 오자마자 제일 눈에 띈 건 연필같이 생긴 높은 탑이야.
"이건 미국의 첫 번째 대통령 조지 워싱턴을 기리려고 세운 거란다."
선생님이 그러시는데, 워싱턴 D.C.에서는 이 탑보다 높은 건물은 지을 수 없대.

우아, 전망대에 오르니 도시가 한눈에 들어와!

수도인데 멋진 고층 빌딩도 없고 뉴욕보다 시시해!

워싱턴 D.C.에는 대통령이 사는 백악관과 모든 정부 기관이 한데 모여 있단다.

또, 세계 거의 모든 나라의 대사관도 자리 잡고 있대요!

워싱턴 기념탑은 얼마나 높아요?
▶ 169미터야. 꼭대기 전망대에서는 동쪽으로 국회의사당, 서쪽으로 링컨 기념관, 북쪽으로 백악관을 내려다볼 수 있지.

대통령이 사는 백악관

"어, 아까 전망대에서 본 건물이야!!"

이곳은 '화이트 하우스'인데, 미국 대통령이 사는 곳이래.

우리나라 말로는 백악관이라고 한다나?

이곳에서 대통령과 공무원들이 모여 중요한 나랏일을 한대.

미국이 세계 최고 강대국이라 그런지 백악관은 세계 정치의 중심지라고 불린다고 해.

백악관 앞 실제 시위 장면

백악관은 언제 지어졌어요?

▶ 백악관은 1800년에 지어졌어. 원래 이름은 '대통령의 집(President's House)'이었지. 전쟁 때문에 까맣게 탄 벽에 흰색 페인트칠을 하면서 '화이트 하우스(White House)'라고 불리기 시작했어.

"백악관 투어를 미리 신청했단다. 안으로 들어가 볼까?"

백악관은 수많은 관광객이 찾는 인기 관광지이기도 하다지 뭐야!

야호! 백악관에 들어서니, 마치 내가 대통령이 된 것 같은 기분이 들었어.

백악관에는 방이 132개, 화장실이 35개나 있대!

하지만 막상 들어가니까 좀 실망이었어.

관광객은 그중 아주 일부만 볼 수 있었거든.

백악관 내부는 어떻게 구경할 수 있어요?

▶ 투어 신청 과정이 까다롭기는 하지만 관광객도 대사관에 미리 신청하면 내부의 일부 공간을 구경할 수 있어. 그런데 인기가 워낙 많아서 오래 전에 신청해야 돼.

 미국을 하나로 통합한 대통령 **링컨**

이번엔 백악관에서 가까운 링컨 기념관에 들렀어.

아주 옛날에 미국 남부 지역은 흑인 노예를 부리는 대농장이 많았다고 해.

반면 공장이 많은 북부에는 노예 제도에 반대하는 사람들이 많았어.

노예제를 없애자는 북부 사람들의 주장에, 남부 사람들이 반대하며 전쟁이 벌어졌지.

"당시 대통령이었던 링컨은 북부의 승리를 이끌며, 노예제를 없앴단다."

남과 북은 그 후 다시는 싸우지 않았는데, 링컨이 남과 북이 화해하도록 힘쓴 덕분이래. 링컨이 없었다면 오늘날의 미국도 없었을 거야.

 남북전쟁은 언제 일어났나요?
▶ 1861년에 일어나 1865년에 끝났어. 같은 미국인끼리 벌인 전쟁이라 '미국 내전'이라고도 해. 그즈음 우리나라는 고종이 다스리던 조선 시대 후기였지.

박물관 천국 스미스소니언 박물관

"워싱턴 D.C.는 박물관 천국이란다. 이번에는 박물관을 둘러볼까?"
국회의사당과 워싱턴 기념탑 사이에는 세계적인 수준의 박물관이 한데 모여 있었어.
이 박물관들을 묶어 '스미스소니언' 박물관이라고 부르는데, 그 종류도 무척
다양해서 '세상을 모두 담았다'는 말까지 들을 정도라고 해. 심지어 입장료는 공짜!
"인류의 지식은 누구에게나 공평하게 전해져야 한다는 의미란다."
어휴~ 그런데 어느 박물관부터 보지?

? 스미스소니언에서 특별히 가봐야 하는 박물관이 있나요?

▶ 모든 박물관이 세계 최고 수준이라 가볼 만해. 그중에서도 항공 우주 박물관은 어린이들에게 꾸준히 인기가 높은 박물관 중 하나지.

미국 땅의 원래 주인 **아메리칸 원주민**

"얘들아, 우리 아메리칸 인디언 박물관부터 가볼까?"
아메리카 대륙에는 원래 수백 개의 원주민 부족이 살았대. 그런데 유럽에서 온 백인 이주민에게 밀려나 지금은 소수 민족이 되었다고 해.
박물관에 들어서니, 무대 위에서 특이한 옷을 입은 사람들이 춤을 추고 있었어.
원주민 직원들이 보여주는 원주민의 전통 춤 공연이었어!

전통 의상을 입고 춤을 추는 아메리칸 인디언

 미국에 원주민은 얼마나 남아 있나요?
▶ 아직도 수백만 명이 남아 있어. 하지만 미국 전체 인구에서 원주민이 차지하는 비중은 1퍼센트도 안 돼.

"선생님~ 배고파요."

신나는 공연을 보고 나니, 금세 배가 고파졌어.

그런데 원주민 박물관 식당에는 처음 보는 음식이 가득했어.

알고 보니, 원주민의 음식이래! 버팔로 고기로 만든 스테이크랑 버거도 있었고,

칠면조 구이도 있더라고! 프라이 브레드는 원주민이 즐겨 먹던 튀긴 빵인데,

바삭바삭하고 고소했어!

아휴~ 우리나라에도 아메리칸 원주민 식당이

생겼으면 좋겠다~~!

📍 미국의 자부심이 담긴 **항공 우주 박물관**

다음에 간 곳은 항공 우주 박물관이야.

"미국은 세계 최고의 항공 기술을 자랑하는 나라란다."

이곳에 최초의 비행기부터 우주선까지 미국의 항공 발전 역사가 모두 담겨 있다고 해서 기대가 컸지.

들어서자마자 천장에 매달린 비행기들이 눈을 사로잡았어.

세계 최초로 달에 간 우주선, 아폴로 11호를 봤을 땐 가슴이 벅찼지!

그런데 다들 어디로 갔지? 저마다 이리저리 흩어져 버렸지 뭐야.

선애 누나랑 영심이 누나는 라이트 형제 전시실에 있었어.

"저게 라이트 형제가 타고 세계 최초로 하늘을 날았던 비행기래!"

크크, 하다 형은 기념품 가게에서 우주 식품을 먹어보느라 정신이 없더라고.

오잉~ 그런데 수재 형은 도대체 어디로 간 거야?

 볼거리는 또 뭐가 있어요? ▶ 재미있는 체험 활동이 많아. 다양한 기구를 직접 만져보면서 비행 원리를 체험할 수 있고, 비행기 조종실에 앉아 조종 체험을 해볼 수도 있지.

용선생의 스페셜 가이드

달러에 담긴 미국의 위인들

여행을 가면 그 나라의 지폐를 유심히 살펴봐야 해.
지폐에는 그 나라 사람들이 중요하게 여기는 인물이나 문화재가 실려 있거든.
미국 1달러와 100달러에는 어떤 인물이 있는지 한번 만나러 가볼까?

넘버원은 **조지 워싱턴**!

 안녕하세요, 미국의 첫 번째 대통령 조지 워싱턴 님을 뵙게 되어 영광입니다.

하하, 반갑습니다. 그런데 당시 세상에는 대통령이라는 게 없었거든요. 그러니까 세계 최초의 대통령이기도 하지요.

 우아, 정말 역사적인 인물이시군요. 그런데 어떻게 미국의 첫 번째 대통령이 됐나요?

저도 한때는 이름 없는 군인이었죠. 그런데 미국 독립전쟁을 승리로 이끌며 큰 공을 세웠답니다. 덕분에 만장일치로 대통령이 됐어요. 제가 활약했던 그림 한 장 보실라우?

조지 워싱턴

 크, 멋지십니다! 아직도 미국에서 큰 사랑을 받는 비결이 뭔가요?

내가 일을 잘하니까 대통령을 계속해 달라고 난리였죠. 그래서 두 번이나 대통령을 했지요. 하지만 이렇게 되면 독재가 될 듯해 스스로 물러났습니다. 나름 민주주의의 수호자랄까요? 하하~ 그 후 미국 대통령은 딱 두 번까지만 할 수 있는 전통이 생겼지요.

제일 비싼 100달러의 얼굴은 나야 나, **프랭클린**!

으쓱

100달러의 얼굴, 벤저민 프랭클린을 만나 뵙게 돼 영광입니다. 어떤 업적을 세우셨는지 궁금합니다.

하하, 저는 대통령도 아니라서 지폐에, 그것도 심지어 100달러에 제 얼굴이 들어갈 줄 정말 몰랐어요. 저는 음~ 사업가, 외교관, 과학자, 발명가, 언론인 등 온갖 일을 다 해본 것 같네요. 미국 독립선언문 집필에 참여하기도 했지요!

아니, 한 사람이 그 많은 일을 했다고요? 혹시 천재?

저는 가난해서 초등학교도 못 나왔지요. 하지만 문제를 발견하면 꼭 답을 찾으려고 도전했어요. 그 결과 피뢰침도 발명했지요.

아니, 피뢰침을 만드셨다고요?

크크, 피뢰침을 발명한 제 모습을 보내드립니다.

옛날에는 번개 때문에 건물이 불타거나 무너지는 피해가 잦았어요. 피뢰침은 끝이 뾰족한 금속으로 된 막대기인데, 이걸 건축물 꼭대기에 세우면 벼락의 피해를 막을 수 있답니다!

정말 대단하십니다! 이왕 말이 나온 김에 좀 더 자랑해 주세요.

제 업적이 워낙 많아서 다 말하면 밤새야 하는데, 껄껄. 하나만 더 자랑할까요? 다초점 렌즈도 제가 발명했어요. 이걸 쓰면 사물의 거리에 따라 안경을 바꿔 쓸 필요가 없죠.

역시 미국인이 가장 존경하는 인물답네요~!

미로 찾기

용선생과 아이들이 만나기로 한 장소는 아폴로 11호!
아이들이 아폴로 11호까지 모두 도착할 수 있게 도와줘!

장하다, 가스펠 음악에 반하다!

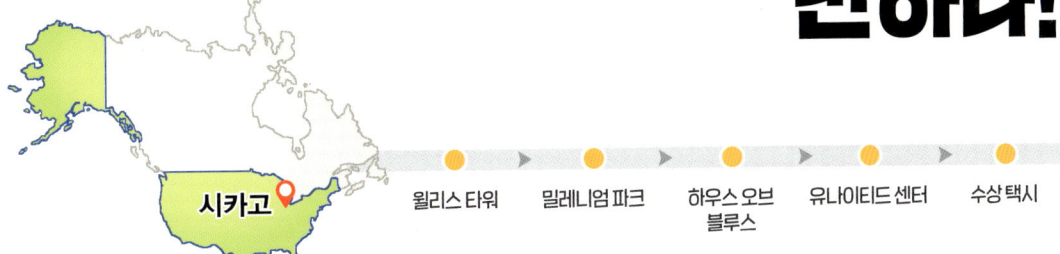

시카고 — 윌리스 타워 ▶ 밀레니엄 파크 ▶ 하우스 오브 블루스 ▶ 유나이티드 센터 ▶ 수상 택시

미국 교통의 요지 시카고

"으아아악, 떨어질 것 같아 무서워요!"

아휴~ 영심아, 귀 아파! 우리는 지금 시카고 시내가 한눈에 내려다보이는 윌리스 타워 전망대에 와 있어.

바닥이 완전 투명한 전망대라서, 꼭 하늘을 나는 것 같았지.

"도시가 멋지지? 시카고는 미국에서 세 번째로 큰 대도시란다."

> 우아~ 저 멀리 보이는 건 바다가 아니라 호수래.

이야~

덜덜

쿵쿵

> 이거 튼튼할까?

> 야, 하지 마~!

시카고는 어떻게 큰 도시가 됐어요?
▶ 커다란 항구를 끼고 있는 시카고는 동부와 서부를 잇는 교통의 요지거든. 그래서 큰 공장도 많이 들어서고, 사람도 많이 모였지.

클라우드 게이트에서 찰칵!

제이 프리츠커 파빌리온 야외 공연장!

크라운 분수에서 물놀이!

우리는 시카고 시민들의 휴식처라는

밀레니엄 파크도 산책했어.

멋진 예술품이 곳곳에 있어 꼭 야외 미술관에 온 것 같았지.

거대한 거울 같은 클라우드 게이트도 보고, 야외 공연장에서 음악도 들었어.

제일 재미있었던 건 크라운 분수야.

호호, 사람 입에서 물이 나오는 것 같았거든!

크라운 분수에 나오는 얼굴은 누구예요?

▶ 평범한 시카고 시민 1,000명의 얼굴이 13분마다 바뀌어 나타난단다.

대중 음악이 된 찬송가 가스펠

"시카고에 오면 '가스펠 브런치'를 꼭 해봐야 한단다."
가스펠 브런치는 가스펠 공연을 보며 밥을 먹는 거래.
가스펠은 크리스트교를 믿는 사람들이 예수에 대한 믿음을 표현하는 음악이야. 원래는 교회에서 많이 부르는데, 신나는 곡이 많아서 지금은 누구나 즐길 수 있는 대중음악이 된 거래.
선생님 말씀대로 가스펠 공연은 무척 신나고 흥겨웠어!
밥 먹다 말고 일어나서 춤을 출 정도였다고! 신난다~!

가스펠 브런치 공연 모습

미국 사람들은 크리스트교를 많이 믿나요?

▶ 응. 영국에서 아메리카 대륙으로 건너와 미국을 세운 사람들이 대부분 크리스트교도였거든. 그중에서도 특히 개신교도가 많아서, 미국에는 지금도 개신교도가 많아.

미국인이 즐겨 보는 아이스하키, 농구

야호! 농구를 보러 시카고에서 제일 큰 실내 경기장, 유나이티드 센터에 왔어. 미국에 왔는데 농구를 안 볼 수 없지! 농구는 미국에서 탄생한 스포츠거든. 유나이티드 센터의 로비에는 농구의 전설, 마이클 조던의 동상도 서 있었어.

"얘들아, 어쩌지? 오늘은 아이스하키 경기만 열린대."

히잉, 무척 아쉬웠지. 아이스하키는 본 적이 없는데 재밌을까?

농구의 전설 마이클 조던과 함께!!

미국에서는 또 어떤 운동이 인기 있어요?

▶ 미국의 4대 스포츠는 농구, 야구, 미식축구, 아이스하키야. 야구랑 미식축구도 나중에 보러 갈 거니까, 기다려!

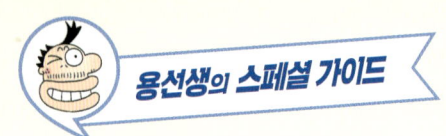

미국이 왜 세계 초강대국일까?

미국은 세계에서 제일 잘나가는 나라야. 거의 모든 분야에서 세 손가락 안에 든다고 해. 아이들이 미국이 얼마나 대단한 나라인지 조사를 했는데, 잘 조사했는지 한번 살펴볼까?

경제력 세계 1위!
미국의 국내총생산(GDP)은 압도적인 세계 1위야. 일본, 독일, 영국, 프랑스의 국내총생산을 다 합쳐도 미국의 국내총생산을 따라가지 못할 정도래.

군사력도 세계 1위!
미국은 세계에서 군사력이 가장 센 나라야. 미국이 군대에 쓰는 돈은 압도적인 세계 1위인데, 2위부터 10위까지 국가들을 다 합친 것과 비슷할 정도야. 게다가 미국은 각종 첨단 무기를 만드는 기술도 대단하지.

땅도 넓고 인구도 많아!

미국은 세계에서 세 번째로 큰 나라야. 게다가 인구는 약 3억 3천만 명인데, 중국, 인도에 이어 세계에서 세 번째로 많아!

석유 생산량도 1위라고?

원래 세계 1위 석유 부자는 사우디아라비아였는데, 최근 새로운 석유 생산 기술이 개발되며 미국의 석유 생산량이 크게 늘었어. 미국은 2018년부터 석유 생산량 1위 국가로 발돋움했지.

미국은 식량 대국이야!

미국은 세계적인 곡물 수출국이야. 특히 3대 식량 작물인 콩, 밀, 옥수수 수출량은 세계 1, 2위를 다툰대. 가축도 많이 길러서 소고기 생산량은 세계 1위야. 아휴, 미국은 도대체 부족한 게 뭐지!?

사다리 타기

준비된 시카고 피자는 단 하나뿐!
과연 시카고 피자는 누구 차지일까? 사다리 타기로 정해줘!

왕수재, 나사에서 우주 비행사를 꿈꾸다!

휴스턴 → 포틀럭 파티 → 로데오 경기장 → 총기 가게 → 미식축구 경기장 → 나사 존슨 우주 센터

미국 남부에서 제일 큰 도시 휴스턴

우리는 미국 남부에서 제일 큰 도시, 휴스턴에 왔어.
휴스턴에 사는 선생님의 친구가 포틀럭 파티에 초대해 주셨거든.
집주인 존 아저씨는 뒷마당에서 바비큐를 만들어 주셨어.
"우아, 집이 진짜 크고 좋네요!" 존 아저씨네 집은 넓은 마당이 있는
단독 주택이었어! 미국 사람들은 아파트보다 이런 단독 주택에서 많이 산대.
어, 그런데 두기는 도대체 어디로 갔지?

까르르르

맞아, 고기를 은근한 불에 오래 익힌 다음에 바비큐 소스에 찍어 먹지!

바비큐는 미국 남부에서 시작된 요리라면서요?

마음껏 먹으란 뜻이야!

헬프 유어셀프 (Help yourself)!

으쓱

지글 지글

포틀럭 파티가 뭐예요?
▶ 집주인은 메인 요리만 준비하고, 손님들이 각자 취향에 따라 요리를 가지고 와서 함께 즐기는 미국식 파티 문화야.

📍 미국 서부를 개척한 카우보이

카우보이 모자를 즐겨 쓰는 미국인들

"자, 우리 카우보이를 보러 로데오 경기장에 가볼까?"

"카우보이? 카우보이가 뭔데요?"

히헤, 카우보이는 말을 타고 초원을 달리며 가축을 키우던 사람이야.

로데오는 거친 말을 타고 누가 더 오래 버티나 기록을 재는 경기인데, 카우보이들이 가축 길들이기를 겨루다가 시작된 거란 말씀!

우아~ 저렇게 펄쩍펄쩍 뛰는 말 위에서 균형을 잡다니, 대단해!

카우보이가 지금도 있나요?

▶ 응, 미국 서부와 남부에서 가축을 기르는 사람들을 지금도 카우보이라고 해. 카우보이는 원래 황무지였던 미국 서부를 개척한 사람들이기도 하지.

로데오를 보느라 너무 긴장했는지, 그만 체해버렸지 뭐야.

소화제를 사러 가다가 멋진 장난감 총 가게를 발견하고 들어가 봤어.

"얘들아~ 여긴 진짜 총을 파는 가게야."

헉, 뭐야! 진짜 총이라고? 우리는 모두 깜짝 놀랐어.

미국에서는 허가를 받은 성인이라면 누구나 자유롭게 총을 살 수 있대!

가게에서 총을 고르는 미국인들

미국은 왜 누구나 총기를 가질 수 있나요?
▶ 누구나 자기 자신을 보호할 수 있도록 무기를 가질 권리가 있다고 생각하기 때문이야. 하지만 종종 일어나는 사고 때문에 반대하는 미국인도 많아.

미국인이 열광하는 스포츠 미식축구

"이번에는 색다른 축구, 미식축구를 보러 가볼까?"

미식축구는 미국에서 탄생한 스포츠인데, 미국에서 인기가 제일 많대.

이름은 축구지만, 선수들이 공을 손으로 잡고 뛰더라고!

선수가 공을 들고 상대편 진영까지 얼마만큼 들어갔는지를 따져서 점수를 매긴대. 그래서 그런지 선수끼리 몸을 쾅쾅 부딪치더라~!

으으, 미식축구 선수들은 몸이 남아나질 않겠어!

연습 경기인데도 관중석이 꽉 찼네요?

프로 결승전인 슈퍼볼이 열리는 날에는 전국이 마비될 정도야.

미식축구에서 최고 점수를 얻으려면 어떻게 해요?

▶ 공을 들고 포크처럼 생긴 상대편 골대까지 가면 최고 점수를 얻는데, 그걸 터치다운이라고 해.

"미식축구는 무척 과격한 운동이라 선수들은 보호 장비를 입어야 한단다."
우리는 미식축구 장비를 구경하러 스포츠 용품 가게에 들렀어.
미식축구 옷을 직접 입어봤더니, 세상에! 너무 무거워!!
"도대체 선수들은 이런 옷을 입고 어떻게 그렇게 빨리 뛰는 거지?"
그나저나 보호 장비가 많아서 그런가, 하다랑 부딪쳤는데 하나도 안 아팠어!

미국 사람들은 미식축구를 즐겨 하나요? ▶ 응. 어릴 때부터 즐겨하는 대중 스포츠란다. 대부분의 미국 학교에 미식축구 팀이 있을 정도야.

나사 존슨 우주 센터

마지막 일정으로 나사 존슨 우주 센터에 왔어.

"나사(NASA)는 우주 항공 기술을 연구하는 국가 기관이란다. 세계 최고의 기술력을 자랑하지!"

이곳은 미국이 세계 최초로 달에 사람을 보냈을 때 우주 비행사의 달 착륙을 지휘한 곳이야. 지금도 존슨 우주 센터에서는 우주 비행사의 훈련을 진행하고, 우주선을 개발하기도 한대.

나사의 우주 비행사는 어떻게 될 수 있나요? ▶ 대학에서 생물이나 물리 등 과학을 전공하고, 최소 3년 이상의 관련 경력이 있어야 돼. 또 각종 체력 테스트와 훈련을 통과해야만 하지.

국토를 개척한 미국 사람들

미국은 세계에서 세 번째로 국토가 큰 나라야. 하지만 처음부터 이렇게 넓은 것은 아니었어. 막 독립했을 때 미국의 영토는 아메리카 대륙 동쪽 일부에 불과했지. 미국이 어떻게 지금처럼 영토를 넓히고 발전시켰는지 미국의 영토 개척 과정을 한번 살펴보자.

1. 영토를 넓히다!

독립 이후, 미국은 북아메리카 중부의 넓은 땅을 프랑스로부터 사들였어. 당시 이곳은 황무지나 다름없었고, 유럽과도 멀어서 프랑스에게는 필요 없는 땅이었지! 또 미국은 이웃 멕시코와 전쟁을 벌여 아메리카 중남부, 오늘날의 텍사스와 캘리포니아를 빼앗기도 했어.

2. 개척 시대가 열리다!

미국은 아메리카의 서쪽 끝까지 영토를 크게 넓혔어. 하지만 새로 얻은 영토는 대부분 개발이 안 된 황무지였단다. 미국 정부는 이주민에게 땅을 싼값에 나눠주며 개척에 열을 올렸어. 때마침 서부 곳곳에서 금광이 발견되며 더욱더 많은 이민자가 서쪽으로 몰렸지. 그걸 **골드러시**라고 해.

3. 대륙을 하나로 연결하다!

새 땅에 정착한 이주민들은 황무지를 비옥한 농토로 가꾸며 발전시켰어. 미국 서부와 남부 곳곳에 큰 도시도 들어섰지. 1869년에는 미국 동부와 서부를 잇는 **대륙 횡단 철도**가 건설되었고, 이후 잇따라 여러 철도망이 건설되며 미국은 더욱더 골고루 발전했단다.

숨은 그림 찾기

로데오 경기장에 놀러 왔어. 그런데 수재 가방 안의 물건들이 다 사라졌네?
사라진 수재의 물건은 모두 여덟 개! 어서 모두 찾아줘!

찾아야 할 물건 : 우산, 수첩, 연필, 카메라, 스마트폰, 코카콜라, 미식축구 공, 카우보이 모자

장하다,
라스베이거스에서
흠뻑 젖다!

그랜드 캐니언 국립 공원 ▶ 앤텔로프 캐니언 ▶ 모뉴먼트 밸리 ▶ 라스베이거스

라스베이거스

거대한 협곡 지대 **그랜드 캐니언**

야호~ 드디어 미국 서부에 있는 그랜드 캐니언에 왔어!!

셀 수 없이 많은 골짜기들이 줄지어 있는 풍경에 입을 다물 수 없었지.

"그랜드 캐니언은 두꺼운 지층이 강물에 수천만 년 동안 깊게 깎여 만들어진 거란다."

웅장한 풍경 덕분에 미국을 대표하는 세계적인 관광지가 됐다나?

"언뜻 보면 황량해 보이지만, 그랜드 캐니언은 온갖 동식물이 살아가는 곳이기도 해."

헤헤, 우리는 각자 다양한 방법으로 그랜드 캐니언을 둘러보기로 했어.

앤텔로프 캐니언

"우아~ 절벽이 꼭 물결치는 것처럼 아름다워요!"

여기는 앤텔로프 캐니언! 진짜 환상적으로 아름다운 계곡이야! 이곳도 강물이 오랜 세월 동안 땅을 깊게 파며 만들어진 거래. 그런데 여긴 아메리카 원주민 나바호족이 관리하는 땅이라서, 관광을 하고 싶으면 원주민 가이드와 같이 다녀야만 했어.

오~ 신비롭고 아름다워요!

이곳은 나바호족이 신성히 여기는 공간이란다.

이렇게 멋진 곳은 처음이야!

 나바호족은 누구인가요?

▶ 미국 서부에 사는 원주민 부족이야. 나바호 자치 구역에서 고유의 언어와 문화를 지키며 살아가고 있지.

모뉴먼트 밸리

"선생님! 저 창밖 좀 보세요!"

식당에서 밥을 먹는데 영심이가 호들갑을 떨지 뭐야. 무슨 일이지?

창밖을 보니, 거대한 바위산 세 개가 우뚝 솟아 있었어. 와~ 멋있다~

이곳의 이름은 모뉴먼트 밸리인데, 이곳도 나바호족이 신성히 여기는 땅이라고 해.

미국은 땅이 넓어서 그런지, 풍경이 멋진 곳이 정말 많은 것 같아.

그래도 난 풍경보다 맛있는 스테이크가 더 좋은 거 있지? 히히~

하다야, 그만 먹고 풍경 좀 봐!

왼쪽 두 개 바위가 이곳에서 가장 유명한 장갑 모양 바위란다.

우아, 진짜 장갑처럼 생겼네!

모뉴먼트 밸리는 어떻게 만들어졌어요?
▶ 강물과 바람이 오랜 세월 동안 지층을 깎다가, 단단한 암석만 남아서 지금 같은 모습이 됐지.

사막에 지은 도시 **라스베이거스**

"이번엔 사막 위의 도시, 라스베이거스로 가볼까?"

사막 위의 도시라고 해서 설마설마했는데,

세상에, 정말로 사막 한복판에 번쩍번쩍 빛나는 도시가 있지 뭐야!

라스베이거스는 언제 만들어졌어요?

▶ 라스베이거스는 1905년에 세워졌어. 당시에는 인구 천 명 정도의 작은 마을이었지.

그런데 어떻게 사막 위에 이렇게 으리으리한 도시를 지은 걸까?
원래 라스베이거스에는 비가 거의 오지 않아 사람이 살기 어려운데,
근처의 강에서 물을 끌어와 이렇게 멋진 도시를 만든 거래.
지금 이곳에는 고급 호텔과 쇼핑몰, 온갖 공연장이 잔뜩 있어서
매년 수천만 명이 찾아온다고 해. 우리도 즐겁게 놀았지!
호텔 안에서 뱃놀이를 즐기다가 물에 빠지긴 했지만~ 헤헤!

라스베이거스는 또 뭐가 유명해요? ▶ 라스베이거스는 사실 돈을 걸고 게임을 하는 카지노 산업으로 유명해. 이곳에서는 도박이 불법이 아니거든.

미국의 대자연을 만나다!

미국이 세계에서 손꼽히는 관광 대국이라는 걸 알고 있니? 특히 드넓은 국토를 가득 메운 다양하고 멋진 대자연을 보러 전 세계에서 관광객이 몰려들지. 울창한 숲부터 거대한 폭포, 사막까지 없는 게 없는 미국! 그럼 지금부터 미국의 대자연을 만나러 가볼까?

pretty-Osim

우아~온천이 분수처럼 치솟네!

미국 최초로 국립 공원으로 지정됐다는 **옐로우스톤**에 왔다. 신비한 빛깔의 '그랜드 프리스매틱 온천'도 보고, 하늘로 솟구치는 '올드페이스풀'도 봤지! 분수처럼 치솟는 온천수의 높이는 무려 45미터! 와우!
#옐로우스톤국립공원 #미국최초의국립공원 #올드페이스풀간헐천

doogie kwak

아메리카 대륙 서쪽에 있는 **로키산맥**에 왔다. 로키산맥은 길이가 남북으로 4,500킬로미터나 되는데, 멀리 캐나다까지 이어진다고 한다.
#로키산맥 #로키산국립공원 #야생동물천국

doit-jang

조지 워싱턴, 토머스 제퍼슨, 시어도어 루스벨트, 에이브러햄 링컨

러시모어산에서는 미국에서 존경받는 대통령들의 얼굴이 새겨진 바위산을 구경했다. 언젠가 내 얼굴도 바위에 새겨질 날이 오려나? 히히!
#러시모어국립기념공원 #큰바위얼굴

kingsujae

미국 서부에는 사막도 있다! **모하비 사막**의 밤하늘은 환상적이었다! 으으~ 근데 사막은 밤이 되니 너무 춥네! 어, 저건 UFO??
#모하비사막 #미국은사막도있다

iamsunae

새하얀 석고 모래로 뒤덮인 **화이트 샌즈 사막**에서 슬라이딩~!
#화이트샌즈국립공원 #서울보다넓은하얀사막

yongteacher_official

세계 3대 폭포로 손꼽힌다는 **나이아가라 폭포**에 왔다. 여기서 다리 하나만 건너면 캐나다! 캐나다에서도 나이아가라 폭포를 볼 수 있다고 한다. 물이 어찌나 많이 튀는지 우비는 필수!
#나이아가라폭포 #세계3대폭포 #내나이가어때서

다른 그림 찾기

모뉴먼트 밸리에서 나바호족 원주민과 함께 사진 두 장을 찍었어.
어, 그런데 뭐가 좀 다른데? 달라진 부분 여덟 군데를 찾아줘!

곽두기, 샌프란시스코에서 바다사자를 다시 만나다!

샌프란시스코 ▶ 알카트라즈섬 ▶ 피셔맨스 워프 ▶ 차이나타운 ▶ 스탠퍼드 대학교 ▶ 실리콘 밸리

미국 서부의 중심지 **샌프란시스코**

"얘들아, 이 다리만 건너면 샌프란시스코란다!"
우리가 건너는 다리는 멋지기로 소문난 **골든게이트 브리지**!
우아, 다리 너머로 높은 빌딩이 잔뜩 보이네!
샌프란시스코는 미국 서쪽 끝 태평양에 맞닿은 항구 도시인데,
'미국 동부에 뉴욕이 있다면 서부에는 샌프란시스코가 있다'고 할 정도로
발전한 도시래.

안개가 자주 껴서 다리가 잘 보이도록 칠한 거야.

주황색 다리가 눈에 확 띄네요!

다리 진짜 길다~!

이 다리는 한때 세계에서 제일 긴 다리였다고~

이야~ 뉴욕처럼 고층 빌딩이 엄청 많네~

부우웅—

"이야~~ 시원하다!"

창문을 열었는데 한여름인데도 바람이 선선하고 습하지 않았어.
샌프란시스코는 한겨울도 별로 춥지 않대. 일 년 내내 봄 같은 날씨라나?
왜 샌프란시스코가 미국에서 살기 좋은 도시로 손꼽히는지 알겠더라고!
나중에 나도 이런 멋진 도시에서 살고 싶다~

샌프란시스코는 왜 한여름에도 시원해요?

▶ 샌프란시스코를 지나는 바닷물이 차갑거든. 차가운 바닷물이 더위를 식혀줘서 한여름에도 덥지 않은 거야. 이 바닷물 때문에 해안가에 안개도 자주 껴.

샌프란시스코의 명물 케이블카

샌프란시스코에 오면 꼭 타봐야 한다는 케이블카를 탔어.

"야호~ 난간에 매달려 타니 스릴 넘치는데~!"

으으, 하다 형 조심해~!

그런데 이 케이블카가 100년도 더 전에 생긴 거라지 뭐야.

뒤쪽 먼바다로는 섬이 하나 보였어.

수재 형 말로는 저 섬 전체가 감옥이었대! 이름은 알카트라즈!

사방이 바다로 둘러싸여서 탈옥이 어렵기로 유명한 곳이었더라고~

지금은 옛 감옥을 둘러보는 관광지로 변신했다고 해서 가보기로 했어.

샌프란시스코에는 왜 저런 케이블카가 있어요?

▶ 마차가 다닐 수 없는 언덕이 많아서 옛날부터 케이블카를 이용했어. 그런데 자동차나 버스를 많이 타면서 지금은 3개의 노선만 남았다고 해.

 섬 전체가 감옥이었던 알카트라즈

배를 타고 알카트라즈섬에 가까워지자 거대한 감옥 건물이 한눈에 들어왔어. 이곳은 이제 감옥이 아니라 그냥 관광지인데도, 왠지 몸이 으슬으슬 떨리더라고! 섬에는 옛날 죄수들이 살던 방도 고스란히 남아 있었어. 이런 데서 살면 얼마나 힘들었을까? 나는 절대로 죄짓지 말고 착하게 살아야지!

샌프란시스코 대표 관광지 **피셔맨스 워프**

점심은 피셔맨스 워프에서 먹기로 했어. 여긴 원래 배가 드나들던 부두였대. 지금은 이렇게 싱싱한 해산물 요리를 맛볼 수 있는 관광지로 유명하지만 말이야. 우리는 싱싱한 조개 수프인 클램 차우더와 함께, 이곳 특산물이라는 커다란 게 요리도 먹었어. 이름이 던지니스 크랩? 아무튼 캬~ 입에서 살살 녹더라!

클램 차우더 수프

"으앗, 저건 바다사자 아니에요?" 게살을 파먹던 영심이 누나가 소리를 질렀어.

동물원도 아니고 도시 한복판에 웬 바다사자?

"일광욕을 하러 온 야생 바다사자들이란다. 신기하지?"

원래 여름에는 바다사자를 보기 힘든데, 우리가 운이 좋은 거래!

어? 센트럴 파크에서 만난 그 바다사자다!

하하, 설마……

부둣가에서 휴식을 취하는 바다사자들

이곳에는 왜 바다사자가 많아요?

▶ 샌프란시스코 앞바다에는 바다사자가 좋아하는 먹이가 풍부해. 또 널찍한 부둣가를 차지하고 누워있어도 사람이 해치지 않는다는 걸 바다사자가 알게 되면서 더 많이 찾아오더래.

미국 속 작은 중국 차이나타운

시내 중심가에 내려서 조금 걷자 빨간 등이 잔뜩 보였어.

여긴 어딜까? 간판에 한자도 있네?!

"하하, 이곳은 중국인이 사는 차이나타운이야. 미국에서 제일 크지."

샌프란시스코는 인구 다섯 명 중 한 명이 중국인일 정도로 중국인이 많대.

알고 보니 이 도시가 건설될 때부터 중국인이 많이 살았다고 하네.

오늘날의 샌프란시스코는 이렇게 전 세계에서 찾아온 이민자들이 만든 도시래.

미국의 배달 중국 음식

여기 꼭 중국 같아!

내 한자 실력을 발휘할 때군~!

사람 지나가기 전에 얼른 찍어주세요!

얘들아, 카메라 좀 보렴!

미국에서도 중국 음식을 배달시켜 먹나요?

▶ 응. 미국인도 중국 음식을 즐겨 먹어. 특히 종이 그릇에 요리를 넣어서 배달하는 중국 음식이 인기가 많아.

(말풍선들)
- 스탠퍼드 대학교는 미국에서 캠퍼스가 제일 넓은 대학이야!
- 전망대에 오르니 스탠퍼드 대학교가 한눈에 보이네!
- 학교가 아니라 예쁜 마을 같아!
- 이야~
- 우쭐

 ## 세계적인 명문 대학 **스탠퍼드 대학교**

"자, 이곳이 바로 그 유명한 스탠퍼드 대학교란다!"

그런데 여기가 대학교라고? 꼭 무슨 아름다운 별장에 온 기분인데!

스탠퍼드 대학교는 세계 최고로 꼽히는 명문 대학이래.

특히, 구글이나 애플 같은 첨단 기업의 인재를 엄청 많이 배출한 대학으로 유명하다고 해. 나도 열심히 공부하면 이런 대학교에 다닐 수 있겠지? 헤헤~

 스탠퍼드 대학교랑 하버드 대학교 중에 어디가 더 유명해요?

▶ 역사는 스탠퍼드 대학교가 짧지만, 비교가 무의미할 정도로 둘 다 세계 최고의 대학이야!

첨단 산업의 중심 실리콘 밸리

스탠퍼드 대학교 근처에는 실리콘 밸리라는 첨단 산업 단지도 있었어.

실리콘 밸리는 세계적인 벤처 기업*들이 모여 있는 곳이야.

*고도의 전문 지식과 기술을 앞세운 기업

또, 세계에서 내로라하는 대기업들의 연구소도 모두 이곳에 있대.

"삼성, 하이닉스 같은 우리나라 대기업의 연구소도 이곳에 있단다."

실리콘 밸리를 산책하며 회사 간판 수를 세어 봤어.

"유명한 것만 찾아도 너무 많아서 다 셀 수가 없네!"

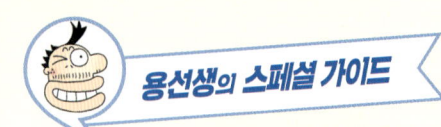

세계를 뒤바꾼 미국의 기업들

미국은 세계 1등 경제 대국답게 수많은 유명 기업이 탄생한 나라야. 세계 100대 기업의 절반 이상이 미국 기업이란다. 우리가 매일매일 접하는 기업 중에도 미국 기업이 엄청나게 많아. 그럼 미국의 유명 기업 중 몇몇을 한번 살펴볼까?

암호 풀기

실리콘 밸리에 해커가 침입해 모든 회사의 컴퓨터를 먹통으로 만들었어.
해커가 남긴 암호를 풀어서 꼭 실리콘 밸리를 구해줘!

암호

➡️ 🟡 ➡️ ➡️ 🟡 ⬇️ ⬅️ 🟡 ⬇️ 🟡 ⬇️ 🟡 ⬅️ ⬇️ 🟡 ➡️ ➡️ 🟡

여기 설명을 보고 암호를 풀어봐!

➡️	⬅️	⬆️	⬇️	🟡
오른쪽으로 한 칸 간다.	왼쪽으로 한 칸 간다.	위쪽으로 한 칸 간다.	아래쪽으로 한 칸 간다.	동그라미로 표시한다.

출발 →	Ⓐ →	M →	Ⓜ	Z
P	U	E	L	H
X	V	R	N	Q
F	T	I	D	Y
J	C	K	A	S

동그라미로 표시한 문자를 찾은 순서대로 적어봐!

PASSWORD : _ _ _ _ _ _ _

허영심, 할리우드에서 스타를 만나다!?

로스앤젤레스

할리우드 대로 ▶ 다저스 스타디움 ▶ 파머스 마켓 ▶ 그리피스 천문대

미국 제2의 도시 로스앤젤레스

"우아, 저건 야자수잖아!"

해안 도로를 따라 남쪽으로 계속 달리자 햇볕이 점점 뜨거워졌어.

바다로 눈을 돌리니 서핑을 즐기는 사람들도 보이고, 선탠을 하는 사람들도 있네!

"드디어 도착했구나! 이제 여기서부터 로스앤젤레스란다."

로스앤젤레스라고? 꺅~~ 이곳은 내가 가장 오고 싶었던 도시야.

왜냐고? 바로 그 유명한 할리우드가 있거든~!

로스앤젤레스는 얼마나 커요?

▶ 로스앤젤레스는 미국 서부에서 가장 큰 도시이자, 뉴욕에 이어 미국에서 두 번째로 인구가 많은 대도시야.

미국 영화 산업의 중심지 **할리우드**

"우아~ 저기 할리우드 글자 맞죠? 여기가 할리우드인가 봐!"

이런 곳에서 사진이 빠질 수 없지! 우리는 저 멀리 할리우드 사인이 보이는 길가에 잠깐 차를 세웠어. 모두 김치~ 찰칵!

"할리우드는 미국 영화 산업의 중심지란다. 세계적인 영화사가 모두 이곳에 모여 있지."

할리우드에는 유명한 영화배우도 많이 산대. 스타를 만날 수 있을지도 몰라!

 할리우드에 정말 스타들이 많이 사나요?

▶ 그럼. 할리우드에는 스타들이 사는 동네도 있는걸? 그곳은 바로 베벌리 힐스! 호화로운 고급 주택이 모여 있는 동네란다.

📍 미국에서 탄생한 스포츠 야구

"미국에 왔으니까 야구도 보러 가요!" 하다가 선생님 손을 잡아끌었어.

야구 경기가 펼쳐지는 다저스 스타디움은 사람들로 꽉 찼더라고!

미국 사람들은 누구나 야구를 좋아한다지?

알고 보니, 야구도 미국에서 탄생한 스포츠래.

"미국 프로 야구를 메이저 리그라고 해. 메이저 리그 경기는 세계 최고 수준이야!"

아이고, 하다가 흥분했는지 침을 엄청 튀기면서 설명하네!

메이저리그는 언제 생겼나요? ▶ 1869년 최초의 프로 구단이 만들어졌고, 메이저 리그는 1901년에 생겼어. 현재 메이저 리그에는 총 30개 프로 야구팀이 있지.

"홈런 볼은 내가 잡았어야 했는데……."

하다를 위로할 겸 맛있는 저녁을 먹으러 파머스 마켓에 갔어.

이곳은 농부들이 직접 기르거나 만든 먹거리를 파는 전통 시장이래.

생긴 지 벌써 백 년 가까이 됐다나?

우리는 시장을 돌아다니며 다양한 멕시코 음식을 사 먹었어.

히히~ 트램을 타고 시장을 둘러보는 것도 무척 재미났지.

 미국에는 멕시코 사람이 많아요? ▶ 미국인 다섯 명 중 한 명은 멕시코 등 남아메리카에서 온 이민자 출신이야. 특히 로스앤젤레스는 멕시코와 가까워서 남아메리카 이민자가 더욱 많아.

미국 야경 명소 그리피스 천문대

로스앤젤레스에서의 마지막 일정은 그리피스 천문대였어.
할리우드 영화에도 자주 나오는 곳인데, 미국을 대표하는 야경 명소래.
우리는 천문대 옥상에 올라 로스앤젤레스 시내를 내려다봤지.
키야~~ 화려한 조명이 반짝이는 밤 풍경은 혼자 보기 아까울 정도였어!
천문대에서는 커다란 망원경으로 별도 볼 수 있었어.
울퉁불퉁한 달 표면이 생생하게 보이지 뭐야? 정말 멋졌어~!

용선생의 스페셜 가이드

로스앤젤레스 더 즐기기

로스앤젤레스 근교에는 재미있는 테마파크가 참 많아. 디즈니 영화 캐릭터로 꾸며진 테마파크 '디즈니랜드', 영화 속 명장면을 생생히 체험할 수 있는 '유니버설 스튜디오 할리우드'가 대표적이지. 어디 한번 하나하나 둘러볼까?

전 세계 어린이의 꿈, 디즈니랜드

디즈니랜드는 1955년에 개장한 이후 현재까지 5억 명 이상이 방문한 세계 최고의 테마파크야. 디즈니 영화 캐릭터들이 펼치는 화려한 퍼레이드와 재미있는 놀이 기구를 즐길 수 있지. 지금은 세계 곳곳에 디즈니랜드가 생겼지만, 원조는 이곳이야.

디즈니랜드는 누가 만들었을까?

정답은 월트 디즈니! 월트 디즈니는 애니메이션 역사에 가장 큰 영향을 끼친 영화 제작자야. 700편에 달하는 각종 애니메이션과 다큐멘터리를 만들었지.

> 디즈니 캐릭터를 실제로 보다니, 꿈만 같아!

영화 속 명장면 속으로, 유니버설 스튜디오 할리우드

1964년에 문을 연 영화 촬영 스튜디오이자 테마파크야. 인기 영화 속 명장면을 놀이 시설로 만들어 관람객이 직접 체험하며 즐길 수 있어. 투어 버스를 타고 실제 영화 촬영 장면을 구경할 수도 있지.

틀린 그림 찾기

운동장에서 용선생과 아이들이 야구를 즐기고 있어. 그런데 뭔가 이상한데? 야구 경기에 어울리지 않는 모습은 모두 일곱 군데! 어서 모두 찾아줘~!

나선애, 원주민과 함께 개썰매를 타다!

알래스카

글레이셔 국립 공원 ▶ 개썰매 체험 ▶ 원주민 집 ▶ 페어뱅크스

북극과 가까운 미국 땅 알래스카

"오~ 여름인데 우리나라 봄 날씨 같아!"
드디어 **알래스카**에 도착!
이곳은 **북극과 가까워서** 겨울에는 무척 춥지만 한여름에는 시원하대.
우리는 제일 먼저 빙하를 보러 유람선을 타고 **글레이셔 국립 공원**으로 갔어.
연어 잡기 체험도 하고~
수상 비행기도 타봤지!

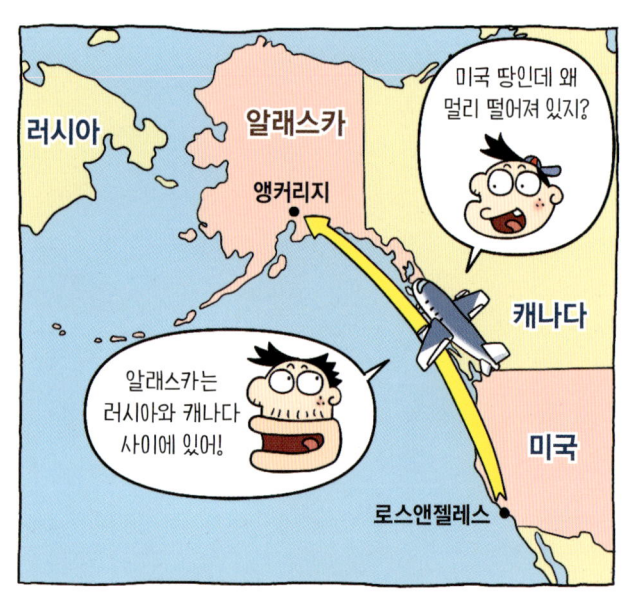

알래스카는 왜 혼자 멀리 떨어져 있어요?

▶ 알래스카는 원래 러시아 땅이었어. 1867년, 전쟁 때문에 돈이 부족해진 러시아가 미국에 알래스카를 팔았지.

알래스카에서 열린 개썰매 대회

앗, 선애가 날 앞질렀어!

따라올 테면 따라와!

좌아아

슝~

 **원주민의 전통 개썰매**

우리는 헬리콥터를 타고 빙하 위로 이동했어.

이곳에서는 한여름에도 눈 위를 달리는 개썰매를 탈 수 있다지 뭐야!

알래스카는 원래 다양한 원주민이 살아가는 땅이었다고 해.

"개썰매는 도로가 없던 시절 원주민에게 가장 중요한 이동 수단이었단다."

요즘 개썰매는 우리 같은 관광객이 즐기는 신~~나는 오락거리래.

개썰매는 처음 타보는데 나 왜 이렇게 잘 타는 거야!

역시 난 뭐든 잘한다니까~ 후후.

꼬르륵~ 꾸르륵~ 장하다의 배꼽시계가 크게 울렸어.

개썰매를 태워주신 원주민 아저씨가 알래스카 전통 요리를 맛보여 준다고 집에 초대해주셨어.

"이건 마딱인데, 고래 고기를 날것으로 먹는 요리란다."

고... 고래 고기? 아니, 의외로 육회처럼 고소하고 맛있잖아!

생 연어를 썰어 물개 기름에 찍어 먹었는데, 그것도 무척 별미였어!

? 알래스카 사람들은 이글루에 사는 거 아니었어요?

▶ 이글루라고 알려진 얼음집은 원주민들이 사냥을 나갔을 때 임시로 짓는 집이었지. 지금은 이글루를 보기 힘들어.

오로라
태양에서 나오는 플라스마 입자가 지구 대기권과 부딪치며 빛을 내는 현상이야.

📍 극지방에서 볼 수 있는 오로라

벌써 미국에서 보내는 마지막 밤이네. 우리는 오로라를 볼 수 있다는 페어뱅크스로 왔어. 밤이 깊어지고, 어두운 하늘을 한참이나 바라보고 있었지. 그러던 어느 순간!

"우아, 저 빛깔 좀 봐~!"

검은 하늘 위로 화려한 빛이 커튼처럼 드리워져 춤을 췄어! 우리는 모두 넋을 잃고 하늘의 오로라를 바라보았지. 마지막 날 이런 풍경을 보다니, 잊을 수 없을 거야!

 우리나라에서도 오로라를 볼 수 있나요? ▶ 안타깝게도 오로라는 북극, 남극과 가까운 극지방에서 볼 수 있어. 특히, 밤이 긴 겨울철에 잘 보이지.

하와이도 미국 땅이라고?

아메리카 대륙에서 멀리 떨어진 태평양 한복판에도 미국 땅이 있어. 바로 하와이란다! 우리에게도 잘 알려진 하와이는 세계에서 손꼽히는 아름다운 자연환경 덕분에 관광지로 유명하지. 자, 이제 마지막으로 미국의 낙원, 하와이의 비밀을 파헤쳐 볼까?

하와이는 어디에 있어요? 얼마나 큰가요?

태평양 한복판에 있는 하와이는 하와이섬, 오아후섬 등 주요 8개 섬과 100개 이상의 작은 섬으로 이루어져 있어. 총 면적은 한반도의 약 7분의 1 정도지. 미국에서 가장 남쪽에 있는 하와이는 1년 내내 따뜻한 기후를 자랑해.

하와이는 언제부터 미국 땅이 되었어요?

하와이는 원래 태평양 일대의 원주민이 다스리던 **'하와이 왕국'**이었지. 미국인 이주민이 점차 늘며 미국의 영향이 점점 커지다가 결국 **1959년**에 미국에게 흡수되었단다. 현재 하와이 주민 10명 중 6명은 아시아계 이주민, 3명은 백인, 1명은 원주민이야.

하와이 원주민의 실제 모습

하와이에는 아직도 원주민 풍습이 많이 남아 있어. 인사할 때 손을 저런 모양으로 만들고 가볍게 흔들며 '샤카~!'라고 인사해.

 하와이에서 제일 큰 도시는 어디예요?

오아후섬에 있는 **호놀룰루**가 가장 큰 도시란다. 하와이 인구는 약 142만 명인데, 그중 약 절반이 이곳에 모여 살아. 호놀룰루의 와이키키 비치는 서핑 명소로도 유명해.

 하와이에서 꼭 해봐야 하는 건 뭐예요?

빅아일랜드의 용암 투어를 꼭 해봐야 해! 헬기나 유람선을 타고 이글이글 솟구치는 시뻘건 용암에 가까이 다가가 볼 수 있단다!

하와이 전통 춤도 배워야지!

스팸 무스비도 먹어야지!

이야~ 영화 같아!

숨은 단어 찾기

우리가 10일 동안 미국을 여행하면서 알게 된 핵심 단어가 숨겨져 있어.
모두 10개야. 아래 힌트를 읽고 함께 찾아볼까?

뉴	아	메	리	카	이	시	시	피	나
독	욕	탕	수	육	즙	슈	스	턴	사
시	카	고	조	지	워	싱	턴	냐	맨
하	보	스	턴	링	컨	카	리	브	해
버	샌	프	란	시	스	코	리	로	튼
드	알	래	스	카	백	엘	로	스	톤
실	연	어	알	유	엔	악	문	앤	미
수	리	캘	리	포	니	아	관	젤	식
에	어	콘	도	르	태	양	광	레	축
크	리	스	트	오	로	라	객	스	구

❶ 미국에서 **인구가 제일 많은 도시**는?

❷ ○○ ○○○은(는) **미국의 첫 번째 대통령**이야. 미국 수도 이름도 이 사람에게서 따왔지.

❸ **미국에서 제일 오래된 대학교**이자, 세계에서 손꼽히는 명문 대학은?

❹ **미국 대통령이 사는 곳**의 이름은 화이트 하우스야. 우리말로는 ○○○(이)라고 하지.

❺ **미국 사람들이 제일 많이 믿는 종교**는 ○○○○교야.

❻ 미국의 ○○○은(는) **국가가 운영하는 우주 항공 기관**이야. 세계 최초로 달에 인간을 보냈어.

❼ ○○○○은(는) **미국에서 가장 인기가 높은 스포츠**야. 슈퍼볼 경기가 열리는 날에는 전국이 마비될 정도지.

❽ 구글, 애플 같은 **첨단 산업 기업이 잔뜩 모여 있는** 이곳의 이름은 ○○○ 밸리야.

❾ 할리우드가 있는 **미국 제2의 도시**의 이름은?

❿ **한여름에도 빙하를 볼 수 있는** 이곳은 바로 미국에서 가장 북쪽에 있는 ○○○○였지!

안녕~ 미국!

여행은 즐거웠니?
여행하며 배운 내용을 다시 한번 확인해 볼까?

퀴즈로 정리하는 미국

미국 땅은 어떻게 생겼을까?  지리

보기에서 알맞은 단어를 찾아 빈칸에 써 보자!

> **보기** 뉴욕, 보스턴, 휴스턴, 시카고, 하와이, 라스베이거스, 워싱턴 D.C., 로스앤젤레스, 샌프란시스코

1. 미국의 수도는 (　　　　　)야.

2. 자유의 여신상, 국제 연합(UN) 본부가 있는 세계적인 대도시는 (　　　　　)이야.

3. 사막 위에 세워진 (　　　　　)는 고급 호텔, 카지노 산업 등으로 유명한 세계적인 관광 도시야.

4. 태평양 한복판에 있는 (　　　　　)는 원래 원주민이 다스리던 곳이었는데 1959년에 미국과 한 나라가 되었어.

 역사 | 미국은 어떤 역사를 가지고 있을까?

다음 문장을 읽고, 가장 적절한 답을 골라 보자.

5. 미국은 한때 어느 나라의 식민지였을까?
   ① 중국　② 독일　③ 영국　④ 러시아

6. 미국이 둘로 갈라져 치열하게 다툰 전쟁의 이름은?
   ① 독립 전쟁　② 남북 전쟁　③ 제1차 세계 대전　④ 제2차 세계 대전

7. 노예 제도를 폐지하고, 미국을 하나로 통합하려고 노력한 미국 대통령은?
   ① 조지 워싱턴　② 토머스 제퍼슨　③ 에이브러햄 링컨　④ 시어도어 루스벨트

8. 개척 시대에 미국 서부에서 금광이 발견되어 수많은 이민자가 서쪽으로 몰려간 사건의 이름은?
   ① 슈퍼볼　② 9·11 테러　③ 골드러시　④ 아이비리그

문화 | 미국 사람들은 어떤 모습으로 살아갈까?

다음 문장을 읽고, 옳은 것에 동그라미를 쳐보자.

9 (농구 / 축구)는 미국에서 탄생한 스포츠야.

10 뮤지컬의 본고장 (월 스트리트 / 브로드웨이)에서는 수많은 뮤지컬 명작이 탄생했지.

경제 | 미국은 어떤 산업이 발달했을까?

다음 문장을 읽고 옳은 것에는 O, 틀린 것에는 X에 동그라미를 쳐보자.

11 미국의 국내총생산(GDP) 수준은 압도적인 세계 1위야. 미국에서 수많은 유명 기업이 탄생하기도 했지. ( )

12 미국은 식량이 부족해서 대부분의 농산물을 수입해. ( )

정답

1일

2일

3일

4일

5일

6일